DRÔLES D'**AVENTURES**

Championne à Olympie

auteurs
Claude Pujade-Renaud
Daniel Zimmermann

illustrateurs
Jean-Louis Besson
Nicolas Wintz

Gallimard Jeunesse

MER ADRIATIQUE
MACÉDOINE
THESSALIE
MONT OLYMPE
Potidée
ÉPIRE
MAGNÉSIE
MONT PARNASSE
EUBÉE
Delphes
Thèbes
ARCADIE
Corinthe
Pirée
Athènes
Olympie
Sparte
Mycènes
Épidaure
Argos
PÉLOPONNÈSE
Siphnos
Milo
Cythère
MER MÉDITERRANÉE
CRÈTE
Cnossos

La Grèce et les îles grecques de la mer Égée

On peut y voir l'emplacement de Thasos, d'Athènes, d'Éleusis, de Délos, de Delphes et d'Olympie…

Chapitre 1

Un garçon manqué

– Surtout, ne mange pas trop, Myrto !

Myrto hausse les épaules. Décidément Nestor, son entraîneur, la connaît bien mal. Évidemment qu'elle veut rester légère pour courir la finale sur le stade d'Olympie !

Mais, se dit Myrto, tout en se concentrant, les yeux fermés, elle concourt seulement pour les Jeux héréens, qui se déroulent en l'honneur de la déesse Héra, l'épouse de Zeus. Ils sont réservés aux femmes alors que les grands Jeux olympiques, en l'honneur de Zeus, le roi des dieux, ont lieu uniquement pour les hommes. Aucune femme ne peut y participer, ni même y assister comme spectatrice, sous peine de mort ! Il y a une exception à cette règle, en faveur de la Chamyné, la prêtresse de Déméter qui est la déesse de la fécondité et de la terre. Et, d'ailleurs, depuis ce matin, le bruit court avec insistance que la Chamyné va venir en personne assister à la grande course féminine des Jeux héréens. « Elle en a de la chance d'être admise à tous les Jeux, pense Myrto. Moi, je suis restée à la porte pendant que mon frère Hylas et son ami Télamon participaient aux Jeux olympiques des jeunes garçons. »

Ah oui, quelle rage d'être exclue de ces trente-quatrièmes Jeux olympiques !

Elle que son père Arcas, lui-même quatre fois champion au pugilat et à la lutte, avait entraînée, dès l'âge de six ans, en compagnie de Hylas et Télamon, là-bas à Thasos, leur île natale. « Au moins chez nous, rumine Myrto, les femmes ne sont pas enfermées comme ici dans leur maison.

Elles sortent librement, elles dansent et elles pratiquent le sport en public. »

– Comment te sens-tu ? demande Nestor, son entraîneur et son tuteur depuis la mort de son père.

Myrto ouvre les yeux, sourit au vieil homme, elle se sent comme d'habitude. Nestor hoche la tête :

– Toi, tu es bien la fille de ton père ! Jamais, avant une compétition, je ne l'ai vu manifester la moindre appréhension. Allez, viens ! Avec ton frère et Télamon, nous allons t'accompagner jusqu'à la porte du stade.

« Il y a tout de même une justice, se dit Myrto. Les hommes n'ont pas le droit d'assister aux Jeux héréens. À leur tour

d'attendre dehors le résultat de la compétition, bien fait pour eux ! »

Hier, Myrto a gagné haut la main la course réservée aux filles de moins de quinze ans, distançant la seconde de près de vingt mètres. Son avance était si considérable que des spectatrices – évidemment des mères et des accompagnatrices des vaincues – ont protesté : non ! cette soi-disant Myrto, ne pouvait pas être une fille ! Il suffisait de regarder ses cuisses musclées et ses larges épaules : ce n'étaient pas celles d'une fille. Il y avait certainement supercherie ! C'était une très grave offense faite à la déesse Héra !

Un sacrilège même qui méritait les pires châtiments !

Alors elles ont porté plainte auprès des seize prêtresses responsables de l'organisation et elles ont exigé une vérification.

Les Jeux olympiques

Les Jeux olympiques ont été créés en 776 avant J.-C. Ils avaient lieu tous les quatre ans et se déroulaient à Olympie, à l'ouest du Péloponèse.

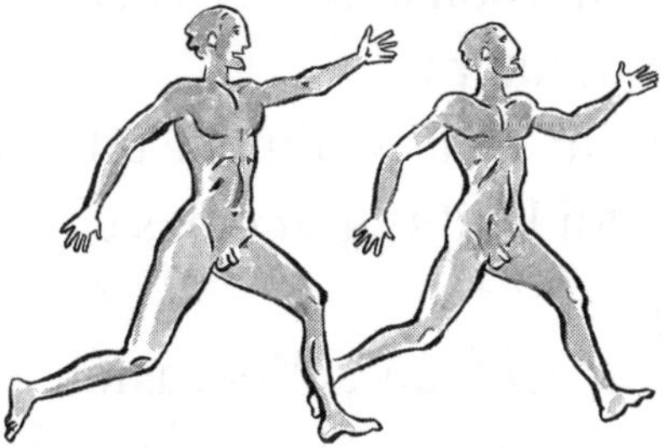

La course en armes

Coureurs à pied

Les cavaliers montent à cru, c'est-à-dire, sans selle.

Attelage de course en char

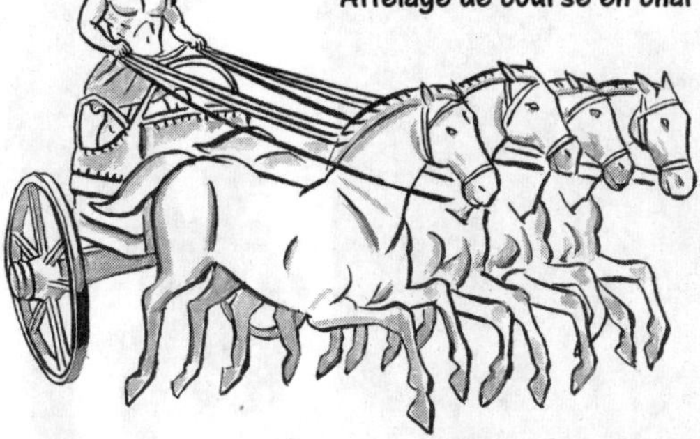

Souriant dédaigneusement, Myrto s'est prêtée à l'examen. « Garçon manqué », elle l'a entendue si souvent cette expression ! Son père Arcas, qui l'aimait tant, affirmait qu'elle était comme son second fils et il ne manquait pas d'ajouter :

– Par Zeus, si tu étais vraiment un garçon, je ferais de toi le plus grand des champions olympiques !

Et voilà maintenant qu'à l'occasion de ces Jeux héréens, qui sont loin d'être aussi

célèbres que les Jeux olympiques, ces horribles matrones l'accusent d'être un garçon pour de bon ! Si seulement…

Bien sûr, les prêtresses d'Héra ont rétabli la vérité. Myrto leur a alors demandé réparation : puisqu'elle avait été injustement accusée, elle réclamait le droit de concourir avec les grandes de plus de quinze ans.

Les prêtresses y ont consenti.

Myrto s'échauffe à l'intérieur du stade. Sans se préoccuper des autres concurrentes, elle applique les conseils de son père et de Nestor. Ne jamais cesser de trottiner, sauf pour quelques accélérations brusques. Néanmoins le temps lui semble long. Mais pourquoi ne commence-t-on pas ? Ah oui, on attend la Chamyné, la prêtresse de Déméter. La voilà qui arrive quand même. On dirait une bonne grand-mère, un peu rondelette.

Avec la grande prêtresse d'Héra, elles n'en finissent pas de se faire des politesses avant de se décider à s'asseoir sur l'estrade.

Voici Myrto sur la ligne de départ, debout, ramassée sur elle-même, à peine appuyée de chaque main sur les deux bornes placées de part et d'autre. À sa gauche, une Spartiate de seize ans. Myrto sait que les filles de Sparte ont la réputation d'être les meilleures sportives de la Grèce. Elle s'appelle Néphélé, c'est une rivale dangereuse.

Le départ est donné. Myrto fuse la première hors des bornes, mais elle sent

Néphélé qui remonte à sa hauteur, vient au coude à coude, commence à la dépasser. Myrto a un instant de panique quand, soudain, elle entend comme autrefois la voix de son père qui lui criait :

– Ne pense plus à rien, Myrto, accélère, accélère, voilà, accélère encore, tu vas gagner… C'est très bien, mon petit.

Une immense ovation déferle des gradins. Les spectatrices s'émerveillent de cette fille prodige, c'est sûr, Héra et Déméter la protègent ! Un peu essoufflée, Myrto monte sur l'estrade pour recevoir des mains de la grande prêtresse d'Héra sa couronne d'olivier. Puis elle se tourne vers la foule, les deux bras levés en signe de victoire.

À nouveau on l'applaudit, on tape des pieds, on l'ovationne. Myrto ferme les yeux, essayant d'imaginer qu'elle vient d'être sacrée « champion » olympique. Impossible, ces clameurs sont trop aiguës pour être des voix d'hommes…

– Approche, Myrto de Thasos.

C'est drôle, la Chamyné a une voix grave, presque masculine. Très intimidée, Myrto s'avance vers la prêtresse de Déméter qui ajoute :

– Tu es capable de gagner les Jeux déliens, les seuls en Grèce à être encore ouverts aux deux sexes. J'aimerais beaucoup voir les hommes battus par une femme, au moins à la course. Que la déesse t'inspire, ô Myrto de Thasos !

« Les Jeux déliens, oui, c'est toujours mieux que ces obscurs Jeux héréens, pense Myrto en se dirigeant vers la sortie du stade, mais pour moi ce sera seulement un galop d'essai, une étape intermédiaire avant… »

C'est alors que Télamon accourt pour la féliciter :

– Myrto, ma belle, ma victorieuse ! Comme je suis fier de ma future femme.

Mais Myrto secoue la tête :

– Je ne serai ta femme que si je suis d'abord championne olympique.

Télamon baisse la tête, accablé : jamais Myrto n'aura le droit de participer aux grands jeux en l'honneur de Zeus.

Chapitre 2

L'entraînement

Le retour à Thasos est triomphal. Sur le port se pressent les magistrats, les citoyens libres et les esclaves qui accompagnent leurs maîtres et maîtresses. Toute cette foule empêche d'abord Myrto de distinguer Doris, la nourrice qui l'a élevée après la mort de sa mère. Enfin elle l'aperçoit et lui fait de grands signes. Le bateau accoste, mais Myrto ne peut encore aller embrasser sa nourrice. Il faut auparavant écouter d'un air digne le long discours du premier magistrat de l'île. Un peu distraite au début, Myrto dresse soudain l'oreille.

– … Et pour honorer notre jeune championne, l'assemblée du peuple a décidé d'élever une statue en bronze à l'image de son père, le célèbre Arcas, quatre fois double champion olympique et dont la gloire immortelle rejaillit sur notre modeste cité !

La foule applaudit, s'écarte pour laisser Myrto courir vers Doris. La nourrice lui ouvre les bras :

– Ma petite, ma chèvre rapide ! Mais tu as grandi, je ne vais plus pouvoir t'appeler ma petite.

– Si, si, pour toi je serai toujours ta petite. Comme tu m'as manqué, Doris ! Tu sais, c'était dur d'être toute seule pendant les Jeux avec toutes ces méchantes bonnes femmes contre moi.

– C'est fini, ma petite, je suis là à présent.

Quel bonheur également de retrouver le domaine, ses vignes et ses oliviers, la vieille maison, son puits à l'ombre d'un figuier et dont l'eau est si fraîche. Les esclaves viennent saluer le jeune maître et la jeune maîtresse. En tête vient Onostas, l'homme de confiance de Nestor, qui a

dirigé le domaine en son absence. Télamon est parti avec ses parents dans la propriété voisine, mais il reviendra chaque jour afin de s'entraîner avec Nestor. Mais aussi pour voir Myrto…

Cinq mois plus tard – et Myrto vient d'avoir douze ans –, a lieu l'inauguration de la statue d'Arcas sur la place principale de Thasos. Splendide, cette statue ! Le sculpteur a particulièrement bien réussi les muscles saillants des épaules

du grand champion de pugilat, ses mains puissantes et ses jambes solides. Mais, se dit Myrto, ce qu'il n'a pu rendre, c'est le regard tendre que son père portait sur elle. À ce souvenir, les larmes lui viennent aux yeux. Oui, elle sera digne de lui, bientôt…

Pour le moment, Nestor entraîne les trois adolescents en vue des Jeux déliens qui auront lieu l'été prochain à Délos. Là, comme le veut la coutume dans les îles de la mer Égée, garçons et filles peuvent concourir ensemble. Afin de bien préparer Myrto, Nestor l'oblige à galoper à vive allure sur le sable de la plage, puis dans la mer avec de l'eau jusqu'aux genoux. C'est excellent pour muscler les jambes et les cuisses, donner de la force aux chevilles. Chaque jour il lui fait travailler la double accélération, celle qui permet de se détacher nettement à mi-course. Pendant ce temps, Hylas s'entraîne pour le concours de lutte, et Télamon pour l'épreuve de

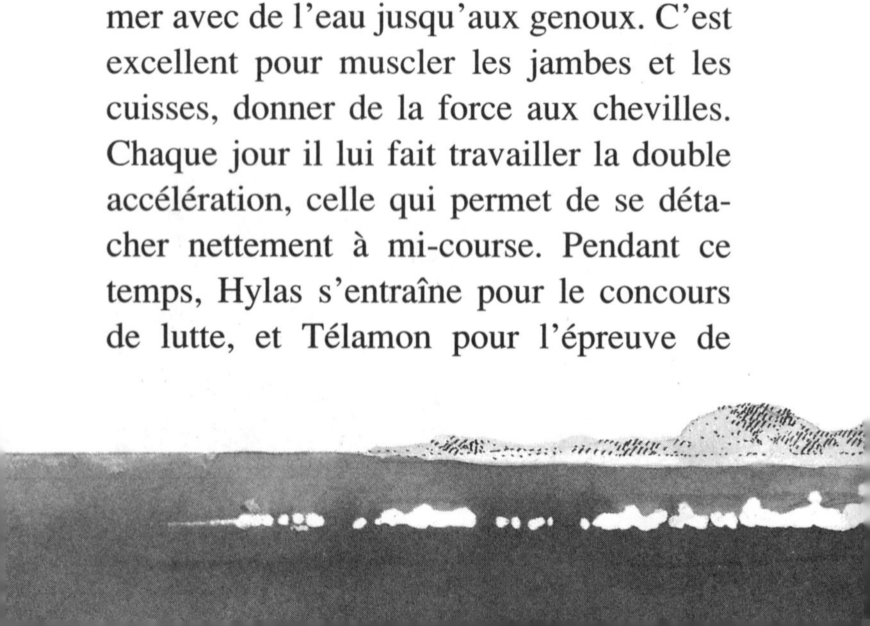

javelot. Mais Télamon manque de conviction. Il préfère jouer de la cithare et composer des vers. Myrto secoue la tête en pensant qu'elle préférerait un champion comme mari, plutôt qu'un poète.

Comme tenue, les athlètes portent seulement un pagne enroulé autour du bas-ventre. Avant l'entraînement, tous trois se frottent la peau avec de l'huile. Ensuite ils s'aspergent de poussière, une excellente protection contre le soleil ou le vent. Après, Myrto aime bien que Doris la nettoie. Celle-ci racle l'amalgame de sueur, d'huile et de terre avec une sorte d'étrille en bronze. Puis Myrto se plonge dans un bain chaud qui la délasse, avant de prendre une douche

fraîche suivie d'un massage en douceur. La nourrice est volontiers bavarde :

– Ma toute petite aux longues jambes ne sera bientôt plus une petite fille. Tu as plus de douze ans, tu vois ce que je veux dire ?

– Ça va, j'ai compris, répond Myrto agacée. Un jour j'aurai des seins.

– Et des règles, à chaque lune.

– Vieille lune toi-même ! Je ne veux ni de seins ni de règles. Il faut que je reste plate tel un garçon pour les Jeux olympiques.

– Ma petite fille folle deviendra une femme, comme toutes les autres.

– Écoute, j'ai bien le temps ! Mais j'y pense : tu viens d'Éleusis. On raconte que les femmes de là-bas savent fabriquer des philtres puissants pour soigner, provoquer ou repousser les règles.

– Non, Myrto, non. On ne doit pas changer le cours des choses. Et ce serait mauvais pour ta santé.

Mais elle est têtue comme une chèvre, Myrto ! Elle revient à la charge et finit par convaincre Doris. Voilà ce que celle-ci devra faire :

Pendant les Jeux déliens, Doris prendra un bateau pour retourner sur le continent. Là, elle ira voir une vieille magicienne qui a gardé le secret de recettes très anciennes, datant peut-être du temps où la déesse Déméter s'était réfugiée à Éleusis. Une histoire que Doris a souvent racontée à Myrto.

La déesse, folle de douleur après la disparition de sa fille, avait frappé la terre de stérilité. Les récoltes ne venant plus et la famine menaçant d'exterminer le monde entier, Zeus, le roi des dieux, fut bien obligé de rendre la fille à sa mère.

Doris et Myrto s'embrassent tendrement avant de se séparer.

À Délos, Myrto vole vers la victoire. Deux filles seulement parviennent en finale, contre six hommes. L'autre concurrente, venue de Lesbos, porte une tunique courte à la spartiate. Quant à Myrto, elle a conservé la même tenue qu'à l'entraînement, le pagne des garçons et elle s'est enduit le corps d'huile mélangée à de la poussière. Le départ va être donné quand un ordre y sursoit : une visiteuse de marque vient d'arriver au port et désire assister à la finale.

– La Chamyné ! La Chamyné ! Quel honneur pour notre petite île ! murmure-t-on dans la foule.

Myrto n'est pas surprise par la venue de la prêtresse. Celle-ci ne lui avait-elle pas dit qu'elle aimerait voir les hommes battus par une fille ? Eh bien, elle va lui procurer ce plaisir. La course se déroule comme dans un rêve.

Jaillissement hors des bornes, deuxième accélération à mi-distance, Myrto n'est même pas inquiétée par les jeunes hommes qui semblent piétiner sur place.

Les épreuves du pentathlon

Ci-contre, haltère dédié à Olympie par un Spartiate.
Le saut en longueur

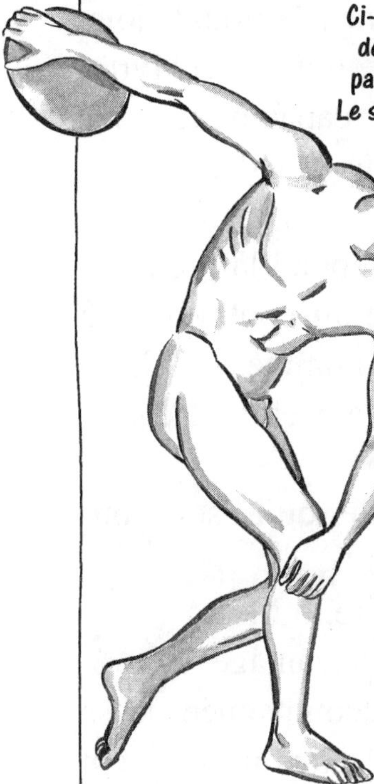

Le lancer de disque : une des 5 épreuves du pentathlon avec le saut en longueur, la course, la lutte et le javelot.

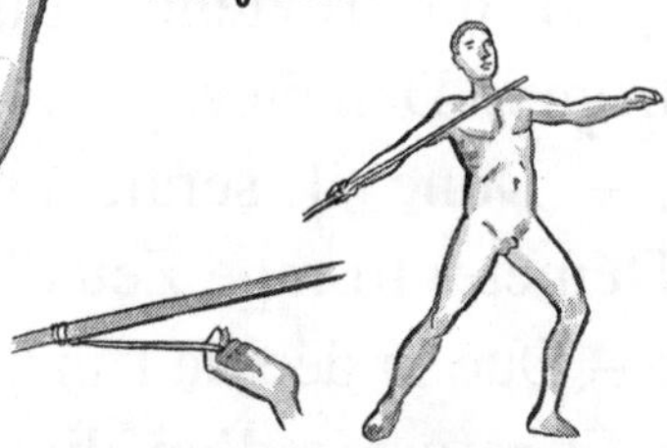

Lancer de javelot. Pour avoir plus de force, l'athlète passe deux doigts dans la boucle d'une lanière de cuir fixée à la hampe.

Combattants de lutte et de pugilat aux mains bandées de cuir.

– Merci, ma fille, lui dit la prêtresse en lui posant sur la tête une couronne de myrte. Tu m'as donné une très grande joie.

– Si la déesse le veut, murmure Myrto, dans trois ans je serai capable de vous offrir une joie encore plus grande.

– Une femme gagnant les Jeux olympiques dédiés à Zeus ? répond la prêtresse sur le même ton. Ce serait contraire à la loi, enfin à la loi des hommes !… Bien qu'il me revienne qu'autrefois Zeus a trompé Déméter…

– Donc il serait juste qu'à son tour Déméter trompe Zeus ?

– Que la déesse t'inspire, ô Myrto…

Et refusant d'en dire davantage, la prêtresse quitte le stade accompagnée de sa suite. Nestor, Hylas, Télamon félicitent Myrto. Elle hausse les épaules, ces petits Jeux déliens ne rassemblent que les Grecs des îles. Ils n'ont pas la renommée des grands jeux du continent et surtout pas celle des Jeux olympiques.

– Oh toi, petite sœur, tu n'es jamais satisfaite ! s'écrie Hylas.

– Elle est comme son père qui voulait toujours connaître plus de gloire, marmonne Nestor.

Le retour est sans histoire. Les vents sont favorables, et la traversée plus courte que prévu.

Bientôt le port de Thasos est en vue. Les trois athlètes se précipitent à l'avant du bateau. Personne sur le quai sinon un groupe de soldats. Le bateau accoste. Surpris par l'absence d'un accueil enthousiaste, Nestor et son équipe descendent. Soudain, les soldats les entourent : Hylas et Myrto sont en état d'arrestation.

Chapitre 3

L'exil

Abasourdis, Hylas et Myrto se retrouvent bientôt dans une salle de tribunal, au banc des accusés. Nestor et Télamon s'assoient au premier rang du public. Tous quatre ont enfin la clé de l'affaire. Pendant qu'ils étaient à Délos, un nommé Zopyrion, qui fut autrefois régulièrement vaincu par Arcas, a voulu se venger de lui. Il est venu, plusieurs nuits de suite, battre la statue à coups de fouet. Il y a sept jours, la statue a basculé, écrasant Zopyrion tué sur le coup. Ses enfants ont porté plainte car, selon une loi valable dans toute la Grèce, même un objet inanimé est responsable. Aussi la statue est-elle mise en accusation et, avec elle, les deux descendants d'Arcas, Hylas et Myrto.

– Donc, poursuit le juge, la famille de Zopyrion réclame l'exil des accusés et la confiscation de leurs biens. Hylas, qu'as-tu à dire pour ta défense ?

Hylas se lève, l’air complètement ahuri, ne sachant trop quoi répondre. Nestor lui vient en aide. Calme et ferme, il s’adresse au juge :

– Les enfants de Zopyrion ont un défenseur. Je demande le même droit pour les orphelins

d'Arcas et, s'il plaît au tribunal, je tiendrai ce rôle.

Le juge accède à cette requête. Nestor développe alors ses arguments. Arcas est le héros de l'île, attenter à sa mémoire, c'est attenter à la gloire de Thasos. De plus, ses enfants marchent sur ses traces et il serait dommage pour la cité de briser des carrières sportives aussi prometteuses.

En conclusion, Nestor implore l'indulgence du tribunal pour deux malheureux orphelins de père et de mère. Le tribunal est sensible à sa plaidoirie. Certes la loi doit être appliquée : la statue meurtrière sera jetée à la mer. Quant à Hylas et Myrto, ils seront condamnés à l'exil. Mais, compte tenu de leur jeune âge et de leurs mérites sportifs, leurs biens ne seront pas confisqués et ils pourront continuer à en percevoir le revenu.

De retour dans la maison où elle a passé son enfance, Myrto s'effondre, en larmes. Quitter son foyer, sa chambre de petite fille, le puits et les arbres du jardin, et la plage au sable si doux où son père l'entraînait… Et Doris qui n'est pas là ! Comme elle aurait besoin de se blottir dans ses bras et de se faire dorloter. Puis elle réagit. Le mieux est de rejoindre Doris sur le continent, il faut vite la prévenir de leur arrivée en lui envoyant un messager.

On organise les préparatifs de départ. Il est décidé que l'esclave Onostas, depuis longtemps dans la famille, accompagnera les deux exilés. Nestor restera ici afin de gérer le domaine et de leur envoyer régulièrement de l'argent. Très malheureux, Télamon vient leur dire au revoir. Émue mais ferme, Myrto secoue la tête :

– Disons-nous adieu, Télamon, nos chemins se séparent.

Le bateau double le cap sud-ouest de Thasos. Hylas et Myrto savent que la statue d'Arcas a été précipitée dans la mer du haut de ce cap. Les yeux embués de larmes, Hylas regarde s'éloigner le rivage. Debout à la poupe, cheveux au vent, Myrto s'adresse silencieusement à son père.

– Je renie ma patrie, père, mais non ton sang. Je reste ton second « fils ». Dorénavant, je porterai un prénom de garçon : Myrtilos.

Durant la traversée, elle donne l'ordre à Onostas de lui couper les cheveux. Dès l'arrivée au Pirée, le port d'Athènes, elle lui fait acheter une tunique et un manteau de garçon qu'elle revêt aussitôt. Hylas se contente de sourire. Lui qui rêvait d'avoir un frère, voilà qui était presque fait !

Doris, bien sûr, reconnaît sa petite fille malgré son déguisement :

– En voilà une métamorphose, ma Myrto.

– À présent, je m'appelle Myrtilos !

– Si ça peut te faire plaisir, Myrtilos…

– Pour l'autre métamorphose, tu as pu voir la magicienne ?

– Chut, chut, nous en parlerons bientôt en secret.

Doris a loué une petite maison entre le Pirée et Athènes. Une maison qui paraît bien étriquée au frère et à la sœur, comparée à leur vaste domaine de Thasos. Et ils apprennent bien vite, à leurs dépens, qu'ils ne sont plus d'honorables citoyens, mais des étrangers, tout juste tolérés par Athènes. Des « métèques », ainsi que les appellent de façon méprisante les jeunes des environs. « C'est moins pénible que la condition d'esclave », se dit Myrto-Myrtilos, mais c'est difficile à supporter quand même. Elle serre les dents et ne répond pas aux injures de « sales métèques ». Parfois il lui arrive de penser avec tendresse à Télamon, puis très vite elle efface son image.

Athènes
au VIIe siècle av. J.-C.

La question du breuvage magique la préoccupe bien davantage. Elle tarabuste Doris, il ne faut plus tarder, maintenant que tout le monde la prend pour un garçon. Doris est embarrassée. Oui, Gorgo, la magicienne, est capable de préparer la potion qui retarde la puberté grâce à des plantes qu'elle fait venir de Crète. Mais, d'après Gorgo, ce n'est pas sans danger et elle veut obtenir auparavant l'avis de la Chamyné : Déméter étant la déesse de la

Déméter,
déesse de la fécondité

fécondité, elle seule peut donner l'autorisation d'empêcher, momentanément, la fécondité féminine.

– Alors, allons consulter la Chamyné, décide Myrto.

Doris, Gorgo et Myrto se rendent au sanctuaire d'Éleusis, à quelques heures de marche d'Athènes. Elles apportent en offrande un porcelet bien gras. D'emblée, la Chamyné reconnaît Myrto sous son déguisement de garçon et elle lui sourit. Mais elle fronce les sourcils lorsque la magicienne lui expose la requête. Myrto-Myrtilos se jette alors aux pieds de la prêtresse :

– Ô Chamyné, je sais que je suis une fille et que je deviendrai une femme. Simplement, j'implore de la déesse la grâce que ce ne soit pas avant trois ans, afin que je sois son instrument, si telle est sa volonté, pour tromper Zeus à son tour et gagner aux Jeux olympiques.

– Nous allons le lui demander.

La prêtresse conduit ses visiteuses dans une salle souterraine, éclairée seulement par quelques torches. Là, Gorgo, Doris et Myrto doivent s'agenouiller pendant que, sur l'autel, la Chamyné égorge le porcelet. Soudain les torches s'éteignent et, dans l'obscurité la plus complète, retentissent des chants lugubres. Glacée de terreur, Myrto implore en silence Déméter. Les chants cessent et la voix grave de la Chamyné se fait entendre :

– La déesse n'est pas hostile à ton projet, ô Myrto-Myrtilos.

Désormais, une fois par semaine, Myrto se rend chez Gorgo qui lui prépare sa mixture, non sans se faire payer fort cher.

Myrto avale la potion, grimace – le goût en est atroce –, mais, pour rien au monde, elle ne manquerait ce rendez-vous hebdomadaire.

Entre-temps, Hylas et Myrtilos (son « frère ») se sont inscrits dans un gymnase réputé que leur avait recommandé Nestor. Ce gymnase n'est fréquenté que par des garçons car, à Athènes, les filles doivent rester enfermées à la maison. Damastès, leur nouvel entraîneur, est un ancien champion olympique de pugilat. Il est fort sévère, n'hésitant pas à frapper ses élèves avec sa longue baguette de bois. Myrto n'aime pas du tout qu'on lui cingle les mollets, surtout pendant les exercices d'assouplissement que l'on doit exécuter en début de séance au son de la flûte.

Pourtant Damastès ne tarde pas à apprécier la rapidité de ce jeune Myrtilos et la force grandissante d'Hylas. Un soir, à la fin de l'entraînement, il leur annonce :

– Je songe à vous présenter tous les deux aux Jeux pythiques.

– C'est quand, Maître ?

– Au début de septembre, à Delphes, près du sanctuaire d'Apollon. Nous avons encore cinq mois pour nous préparer. Mais il vous faudra payer les frais de voyage et de séjour.

L'argent apporté de Thasos commence à fondre. Hylas et Myrto s'inquiètent : pourquoi Nestor n'en envoie-t-il pas comme promis ? Si ça continue, comment nourrir quatre personnes et continuer à payer Damastès ? Sans compter Gorgo, se dit Myrto.

Au gymnase, personne n'a de doute à son sujet. Tous les élèves portent le pagne enroulé autour du bas-ventre. En effet, Damastès est contre la nudité intégrale, une mode venue de Sparte, et qui commence à gagner la plupart des sportifs. Lui, Damastès, il a fait la guerre contre les Spartiates et il les déteste, ces impudiques qui obligent leurs jeunes filles à se montrer nues dans les gymnases en compagnie des garçons. Selon lui, une femme doit rester à la maison !

Myrto-Myrtilos approuve gravement les fortes paroles de son entraîneur. Une chance qu'il ne les oblige pas à se déshabiller complètement ! Mais elle doit faire attention au moment de la douche qui suit l'entraînement quotidien. Elle s'arrange pour passer après que les autres ont fini leurs ablutions, prétextant qu'il lui faut encore travailler sa foulée. En rentrant à la maison, elle se fait longuement masser par Doris, aux mains toujours aussi habiles et aussi douces.

L'esclave Onostas va faire le marché à l'Agora et il accompagne ses jeunes maîtres au gymnase, telle est la coutume à Athènes. Hylas et Myrto songent à l'envoyer aux nouvelles à Thasos, lorsqu'arrivent enfin un peu d'argent et un message de Nestor.

Ce printemps, rien n'a poussé à Thasos, ni l'orge ni la vigne. L'île semble frappée de stérilité. Les magistrats ont décidé d'envoyer une délégation à Delphes afin de consulter la Pythie, l'oracle d'Apollon, célèbre dans toute la Grèce. Lui seul pourra dire quel remède apporter à ce fléau incompréhensible. Nestor a vendu des moutons pour leur envoyer cet argent mais, pour la suite, il ne peut rien leur promettre.

Le site d'Olympie

Chapitre 4

L'offense

Quelle joie d'être enfin à Delphes ! Quel site magnifique, tout en hauteur, avec ce stade aérien au pied de cette montagne rocheuse, le mont Parnasse ! Un stade qui va lui donner des ailes, Myrto-Myrtilos le sent.

Mais comme il a été difficile de parvenir jusqu'ici ! L'argent n'arrivant plus de Thasos, Onostas était allé travailler au port du Pirée. Puis Hylas, à son tour, s'était mis à décharger des bateaux avec lui. De son côté, Doris avait entrepris de fabriquer des pièces d'étoffe qu'elle vendait ensuite. Myrto l'aidait et Doris plaisantait :

– Drôle de garçon qui répare les fils cassés du métier à tisser !

Au prix d'un travail acharné, ils avaient réussi à rassembler l'argent pour le voyage et le séjour à Delphes. Bien sûr, Myrto avait emporté dans une outre une provision suffisante du philtre de Gorgo.

Hylas a déjà éliminé plusieurs concurrents à la lutte. Myrto se concentre pour la demi-finale de la course du stade qui aura lieu demain. Ce soir, pour se détendre, le frère et la sœur assistent au concours de cithare. Apollon, le dieu qui règne à Delphes, est aussi le dieu de la musique et

on l'honore tout autant avec les concours musicaux que par les jeux sportifs. Quel dommage que Télamon ne soit pas là, songe Myrto, lui qui est davantage poète et musicien que sportif !

Soudain, elle sent un regard fixé sur elle. À sa gauche, une jeune fille l'examine avec attention. Myrto a l'impression de la connaître, sans pouvoir mettre un nom sur ce visage… Ah ! mais si, c'est Néphélé, sa rivale de Sparte qu'elle a vaincue aux Jeux héréens, il y a deux ans. Pourquoi Néphélé la regarde-t-elle ainsi ? Myrto applaudit très fort le cithariste vainqueur auquel on remet une couronne de laurier, l'arbre d'Apollon.

Puis elle essaie d'oublier le regard insistant de Néphélé. Il faut dormir à présent et rêver de la victoire.

– Sont qualifiés pour la finale : Myrtilos d'Athènes…

Des applaudissements, des vivats. Damastès est satisfait de Myrtilos, le grand favori de la finale de demain. Pour le moment, il lui conseille d'aller se faire masser au campement des athlètes. En sortant du stade, Myrto-Myrtilos croise Néphélé.

– Félicitations, Myrtilos, j'entends dire partout que tu as très bien couru.

– Merci.

Myrto s'efforce de parler d'une voix grave, qu'elle sent peu naturelle. Néphélé reprend :

– Nous n'avons pas couru ensemble à Olympie, il y a deux ans ?

– Je ne suis jamais allée à Olympie.

Néphélé sourit d'un air entendu. Myrto s'éloigne, troublée. Non, Néphélé ne peut l'avoir reconnue : plus que jamais, Myrto ressemble à un garçon avec ses cuisses musclées tout en longueur.

En arrivant au campement, elle sursaute en entendant une voix connue :

– Myrto !

Télamon ! Lui, elle ne peut le tromper sur son identité.

– Chut, Télamon, ici je suis Myrtilos. Que fais-tu là ?

Il a grandi, Télamon, il a pris de l'assurance, il est même très beau, s'avoue Myrto. Il lui explique qu'il est venu avec son père et la délégation de Thasos afin de consulter la Pythie sur la stérilité qui a frappé l'île. Pour le moment, ils doivent attendre leur tour car il y a beaucoup de pèlerins. Non, il ne participe pas au concours. Il s'est très peu entraîné avec Nestor. Celui-ci a des tas de soucis à cause de l'absence de récoltes et puis lui, Télamon, lorsqu'il est malheureux, il préfère la cithare au javelot :

– Mon cœur était toujours avec toi, Myrto.

– Myrtilos, n'oublie pas !

Le lendemain, les hommes de Thasos offrent des présents et sacrifient une chèvre à Apollon. Ils sont admis dans le sanctuaire. Ils descendent un escalier sombre et ils arrivent dans une pièce souterraine. Là, se tiennent les prêtres d'Apollon à qui s'adresse le père de Télamon :

– Plus rien ne pousse sur l'île de Thasos. Que conseille le dieu ?

Un prêtre passe dans la pièce voisine pour transmettre la question à la Pythie. Celle-ci est une vieille femme décharnée

qui mâchonne sans arrêt des feuilles de laurier, afin de se mettre en transe et prêter alors sa bouche à la voix d'Apollon.

Au bout d'un long moment, le prêtre apporte la réponse :

– L'orge et le vin reviendront à Thasos quand l'injustice aura été réparée.

– Mais quelle injustice ?

– À vous de le savoir. Le dieu n'a plus rien à vous dire. Aux suivants…

Les hommes de Thasos remontent déçus. Ils ont dépensé beaucoup d'argent et ils ne sont guère avancés. Télamon les attend à l'extérieur du temple. Son père reste perplexe. L'oracle du dieu n'est pas clair, des injustices il n'en manque pas à Thasos, de laquelle s'agit-il ?

– Peut-être celle à l'égard d'Arcas et de ses enfants ? suggère timidement Télamon.

– Mais non, la sentence du tribunal était équitable, se récrie-t-on.

Télamon n'insiste pas, il sait que la délégation comporte beaucoup d'amis de la famille de Zopyrion. Les hommes palabrent longuement et décident de rester encore quelques jours afin d'obtenir une deuxième consultation de la Pythie. Télamon en est tout heureux, il va pouvoir assister à la finale, et donc à la victoire de sa bien-aimée.

La foule ovationne les athlètes. Le cœur de Télamon bat à tout rompre. Le départ est donné, Myrto déjà détachée, Télamon est en sueur, il perd son souffle ; la double accélération de Myrto est prodigieuse, les spectateurs sont en délire, Télamon se laisse retomber sur le gradin, reprenant péniblement sa respiration.

– Vainqueur de la finale du stade : Myrtilos d'Athènes !

Télamon regarde avec fierté sa Myrto gravir l'escalier de la tribune officielle. Le grand-prêtre d'Apollon tient en main la couronne de laurier. Mais que se passe-t-il ? Quelqu'un parle à l'oreille du grand-prêtre. Celui-ci repose la couronne. D'un air sévère, il interroge Myrto. Puis il lui fait signe de sortir par l'arrière de la tribune, entourée par des prêtres.

Les spectateurs murmurent, s'interrogent. Soudain, une rumeur folle circule de bouche en bouche :

– Myrtilos n'est pas un garçon, c'est une fille !

– Quelle offense pour Apollon !

– Quel sacrilège !

– Si c'est vrai, cette fille mérite la mort !

Myrto a été emmenée dans les vestiaires du stade. Elle se doute de ce qui s'est passé : Néphélé l'a bel et bien reconnue et dénoncée. Maintenant, les prêtres d'Apollon la confient à une vieille femme pour que celle-ci vérifie si elle est une fille ou un garçon. Myrto feint la docilité. La vigilance de ses gardiens se relâche. D'un bond, Myrto jaillit hors des vestiaires. Plus rapide que jamais, elle file vers le sanctuaire d'Apollon, zigzaguant parmi les pèlerins. Une femme lui barre le passage : Néphélé, bien sûr. Télamon surgit, empoigne cette dernière et l'écarte. Il est assailli par de jeunes Spartiates. Hylas arrive en renfort, il se déchaîne, coups de poing, coups de pied, mais ses adversaires sont de plus en plus nombreux.

– Sparte ! Sparte ! clament-ils pour alerter les leurs.

À ce cri, Damastès relève la tête. Il est plongé dans de sombres pensées, accablé, songeant au déshonneur pour son gymnase ! En un clin d'œil, il évalue la situation. Les coups pleuvent sur Hylas et sur son compagnon. Myrtilos, enfin cette fille, est tirée par deux hommes. Damastès bondit comme au temps de sa jeunesse, il déteste toujours autant les Spartiates.

– Athènes ! Athènes ! hurle-t-il en se jetant dans la mêlée.

Les jeunes Athéniens viennent à la rescousse, non seulement les élèves de Damastès, mais aussi ceux des autres gymnases. Myrto n'est plus qu'un prétexte, on règle de vieux comptes entre les deux cités rivales. Dans la confusion générale, Hylas par-

vient à dégager sa sœur. Elle reprend sa course de plus belle, vite, au sanctuaire d'Apollon ! La porte du temple est ouverte, elle s'y engouffre et s'effondre à bout de souffle. Là, elle est en sécurité : il est interdit de souiller un lieu sacré avec le sang d'un criminel. Mais le grand-prêtre ricane.

– On l'y laissera mourir de faim.

Chapitre 5

L'oracle

Il fait nuit. Télamon court en direction d'Éleusis. Il n'a qu'une idée en tête : seule la Chamyné peut sauver Myrto. Il faut absolument la prévenir et la supplier de venir à Delphes.

Télamon alterne marche et course. Ramener la Chamyné, ramener la Chamyné, ces mots scandent et soutien-

nent ses pas ou sa foulée. Par moments, il a envie de s'effondrer au bord du chemin, de dormir, d'oublier. Il ne faut pas, non, non, il faut sauver Myrto. Myr-to, Myr-to, Myr-to. Il essaie de respirer, d'expirer surtout, à ce rythme.

Télamon poursuit sa route, marche, course, une brève pause toutes les heures. À présent, il a dépassé Thèbes et il devine la lueur de l'aube face à lui, vers Éleusis. Une lueur d'espoir, se dit-il. Il mange quelques figues fraîches cueillies sur un arbre. Il repart en traînant la jambe. Ses pieds commencent à le faire souffrir. Non,

ne pas s'arrêter, Myr-to, Myr-to, il faut arriver au sanctuaire avant que la chaleur ne soit trop forte. Un bruit d'eau courante, il s'agenouille près de la source, se désaltère à grandes gorgées. Il s'asperge le front et la nuque, tout en pensant à Myrto qui n'a rien à boire.

Il marche, trottine, ses pieds saignent, le souffle lui manque. Le soleil monte, la chaleur augmente, des petits points noirs dansent devant les yeux de Télamon. Il sait que c'est le début de l'épuisement, avancer, avancer, Myr-to, Myr-to. Au loin, les murs d'Éleusis, l'entrée du sanctuaire, il frappe et s'écroule.

La Chamyné consent à entendre Télamon. En le voyant se jeter à ses pieds, la prêtresse de Déméter se retient de sourire. Il est très beau, ce garçon, avec ses cheveux bruns bouclés, il est sans aucun doute amoureux de Myrto. Cette Myrto qui retarde le moment de devenir femme et de se marier, ah, ces jeunes ! Comment ? Que dit-il ? On veut laisser mourir de faim celle que la déesse et la très puissante Chamyné inspirent ? Il n'en est pas question !

La prêtresse donne aussitôt des ordres. Deux chars sont attelés, le premier pour la Chamyné et Télamon, le second pour les servantes. Les chevaux trottent bon train. Télamon trouve qu'ils n'avancent pas assez

vite. Lui, à la place du cocher, il les fouetterait. Et dans quel état peut bien être Myrto ? Le convoi dépasse Thèbes. La chaleur est accablante. Télamon est en sueur. Immobile, les yeux clos, la Chamyné est impassible. Enfin on aperçoit les contreforts du mont Parnasse. Le convoi arrive à Delphes après la nuit tombée.

La Chamyné demande à avoir une entrevue avec la Pythie qui la reçoit dans son souterrain. La Chamyné est tout sourire :

– Ah ! ma chère, quelle joie de vous revoir après toutes ces années !

En même temps, elle la détaille sans pitié : cette pauvre Pythie, elle vieillit bien mal ! Vraiment, on ne croirait pas qu'elles ont le même âge, tant l'autre est maigre, décharnée, un véritable squelette ! De son côté, la Pythie fait également assaut de politesses, tout en pensant que la Chamyné ne s'améliore guère, de plus en plus grosse, un visage bouffi, un double menton !

– Ma chère Chamyné, vous me semblez en grande forme !

– Ma pauvre, si vous saviez, j'ai les jambes qui gonflent, surtout avec cette chaleur…

– Moi, ce sont mes rhumatismes qui me font souffrir.

– Il est vrai qu'être toujours enfermée dans cette pièce souterraine à mâcher du laurier… Au moins les prêtres d'Apollon vous nourrissent-ils correctement ?

– C'est de pis en pis, ma pauvre ! Le nouveau grand-prêtre, un méchant homme, prétend que les petites douceurs, auxquelles j'avais droit avant, nuisent à mon don de prophétie. Le résultat est que, depuis des mois, vous entendez, depuis des mois, je n'ai plus vu un seul gâteau !

– Quelle horreur ! Ah ! mais j'y pense : j'ai justement avec moi de quoi vous réconforter un peu.

Et la Chamyné défait un linge dans lequel se trouvent des petits gâteaux au miel. Elle en offre un à la Pythie qui soupire de plaisir. Pendant que la prophétesse grignote, la Chamyné en arrive au vif du sujet :

– À propos, que devient cette petite jeune fille qui a remporté la course du stade aux Jeux delphiques ?

– Pauvre enfant, répond la Pythie en s'emparant avidement d'un deuxième gâteau. Elle va périr d'inanition dans le souterrain des emmurés vivants.

– Et vous ne pouvez rien pour elle ?

La Pythie mastique son gâteau avant de répondre avec dignité :

– Je ne peux m'élever contre la loi d'Apollon.

– Entre nous, chère amie, vous savez bien que ce n'est pas la loi de ce dieu juste et bon, mais celle de ces horribles prêtres qui vous affament…

Les deux vieilles dames concluent un pacte. La Chamyné fournira régulièrement la Pythie en gâteaux au miel. En échange, la prophétesse demandera à Apollon l'autorisation d'un oracle favorable à Myrto. Puis elle ajoute :

– J'ai un service à vous demander, chère Chamyné. Voilà : je ne sais plus quoi répondre aux gens de Thasos qui me harcèlent. Les récoltes ne viennent plus sur leur île, c'est donc l'affaire de Déméter et non celle d'Apollon, vous ne croyez pas ?

– Certes, et je pense bien y être pour quelque chose : c'est moi qui ai demandé à la déesse de frapper l'île de stérilité. Si l'on veut que la fécondité y revienne, il faut que les exilés soient rappelés.

– Eh bien, voilà mon oracle tout trouvé !

La Chamyné remonte du souterrain. Elle va s'asseoir à l'intérieur du temple, rassemble ses voiles autour d'elle et ferme les

yeux. Aussitôt, les pèlerins font silence pour respecter sa méditation.

Le grand-prêtre d'Apollon fend la foule, il est blême :

– Soyez satisfaite, Chamyné, votre protégée va vous être rendue.

– Saine et sauve ? demande d'une voix douce la prêtresse.

– Hélas oui, l'oracle du dieu a bien dit : saine et sauve.

La délégation de Thasos remonte à son tour du souterrain. Le père de Télamon s'adresse à Hylas :

– Fils d'Arcas, désormais ta sœur et toi vous êtes les bienvenus dans votre patrie.

Hylas le regarde dans les yeux et réplique fièrement :

– Vous autres, notables de Thasos, vous

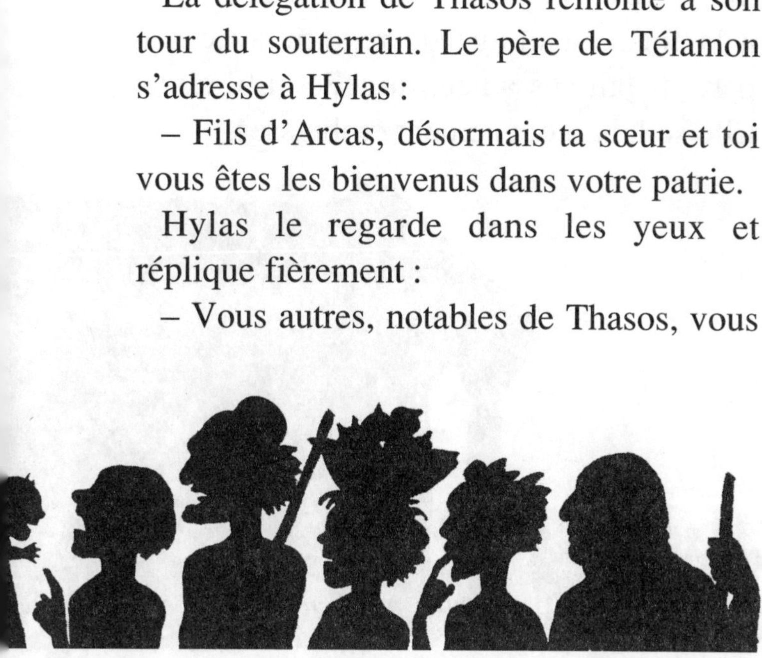

ne réparez l'injustice que lorsqu'elle vous fait tort.

– Allons, Hylas, c'est du passé. Pense à Nestor qui se fait vieux…

Mais Hylas a déjà tourné les talons. Vite retrouver Myrto ! Télamon le suit. Par une petite porte, à l'arrière du sanctuaire, les prêtres font sortir Myrto, allongée sur une civière. Elle sourit, faiblement, mais elle sourit. Toute maigre, avec des yeux immenses. Télamon, heureux et désespéré à la fois, est obligé de repartir avec son père. Il fait ses adieux à celle qu'il aime. Elle se laisse doucement embrasser.

– Je n'oublierai jamais que tu m'as sauvé la vie, Télamon.

– Reviens à Thasos, tu sais que je t'attends.

– Je sais. Je reviendrai.

Chapitre 6

Champion olympique

Deux ans après, Hylas, Myrto et Télamon constituent l'essentiel de la délégation sportive de Thasos aux Jeux olympiques. À Thasos, la statue d'Arcas a été repêchée et réinstallée sur la place de la ville. Les récoltes sont revenues, Nestor est heureux.

Myrto a continué à prendre le philtre de Gorgo et à s'entraîner. Elle est toute contente de voir arriver à Olympie la Chamyné et la Pythie, qu'elle vient saluer et remercier de lui avoir sauvé la vie. C'est la Chamyné qui a proposé ce voyage à la Pythie en lui assurant que le climat d'Olympie serait excellent pour ses rhumatismes.

Dans le camp des concurrents, Damastès fait semblant de ne pas reconnaître les trois athlètes de Thasos. Il n'a d'yeux que pour son nouveau poulain, un nommé Laomédon. C'est un jeune Athénien de dix-huit ans, très puissant et rapide, le grand favori de la course du stade. Myrto l'observe à l'entraînement : c'est vrai, ce Laomédon est un rival dangereux, mais il a tendance à faiblir à mi-course et, si on lui permet de concourir, elle se sent capable de le vaincre.

La veille du début des épreuves, la Pythie propose à la Chamyné d'aller ensemble chez le grand-prêtre de Zeus : il s'agit d'obtenir de lui l'autorisation de laisser concourir Myrto. Car, si elle a toujours le corps et l'allure d'un garçon, depuis l'incident de Delphes, beaucoup savent la vérité sur son sexe.

– Voyons, cher collègue, dit la Chamyné au grand-prêtre de Zeus, vous pouvez bien m'accorder cette faveur. D'ailleurs, ma protégée ressemble à s'y méprendre à un garçon et la plupart des spectateurs ne s'apercevront même pas qu'elle est une fille.

– Désolé, chère collègue ! On peut tromper les hommes, mais pas les dieux. Et surtout pas Zeus !

– Oh, reprend la Chamyné avec un sourire, même à Zeus il est survenu quelques mésaventures, notamment avec sa femme, la déesse Héra.

– Ruses de femmes, justement ! Je ne laisserai pas se tramer ici des manigances de bonnes femmes.

Le terme de « bonne femme » indigne la Pythie. Elle intervient avec fermeté :

– Vous n'ignorez pas qu'Apollon et parfois Zeus parlent par ma bouche ?

– Peut-être, peut-être… Mais nous sommes à Olympie, et non pas à Delphes.

– Vous avez tort, jeune homme ! Je sens que le dieu s'empare de moi… Peut-être est-ce Apollon, peut-être Zeus… Écoutez,

ô mortels, écoutez… Le dieu va parler, il parle…

Et la Pythie se met à mimer à merveille une transe convulsive, en arborant sa voix la plus caverneuse et son ton le plus prophétique :

– Myrto de Thasos doit concourir, sinon moi, Zeus, le roi des dieux, je manifesterai mon courroux.

– Déméter aussi pourrait s'en mêler, ajoute de sa voix grave la Chamyné. Les récoltes ont cessé de pousser à Thasos, il pourrait bien en être de même à Olympie.

– Du chantage maintenant !

La transe de la Pythie s'achève. Elle reprend sa voix naturelle pour annoncer :

– Il va pleuvoir.

– Il ne pleut jamais à Olympie en juillet, rétorque le grand-prêtre.

– Vraiment ?

Un coup de tonnerre retentit.

En quelques minutes, le ciel s'obscurcit : des

nuages noirs s'amoncellent et l'orage éclate.

– Voilà, Zeus pleut ! annonce tranquillement la Pythie qui s'éloigne au bras de la Chamyné en chuchotant à son amie :

– Vous savez, ma chère, mes rhumatismes ne me trompent jamais.

Très troublé, le grand-prêtre consulte ses collègues, responsables avec lui de l'organisation des Jeux olympiques. Deux heures après, la pluie n'a toujours pas cessé. Le stade est détrempé, les athlètes et les pèlerins pataugent dans la boue. Le déroulement des épreuves est retardé.

Le grand-prêtre est bien obligé de donner une réponse favorable : Myrto est autorisée à concourir. Mais, à supposer qu'elle gagne, elle n'aura pas droit à la couronne d'olivier et sa victoire ne figurera pas sur la stèle où sont gravés les noms des vainqueurs. En fait, les prêtres de Zeus sont persuadés que cette gamine ne peut vaincre le fameux Laomédon d'Athènes. Autant la laisser prendre de départ avec les autres concurrents et éviter ainsi des complications avec la Pythie et la Chamyné.

La pluie s'arrête, mais elle a été si violente que, le lendemain matin, la piste est détrempée. Myrto se qualifie aisément

pour la finale. Les concurrents de Sparte ont tous été éliminés. Très sombres, ils ruminent leur défaite. Le pire, pour eux, c'est que le vainqueur sera sans nul doute un Athénien !

À moins que…

En s'échauffant pour la finale, Myrto ne peut s'empêcher de sourire. N'est-ce pas Néphélé qui, à la porte du stade, lui a souhaité bonne chance, au nom de toutes les femmes de Grèce ?

Et le plus beau est que son entrée a été acclamée par ces mêmes Spartiates qui, à Delphes, voulaient la lapider !

– Deuxième au pugilat : Hylas de Thasos.

Myrto résiste au désir d'aller féliciter son frère, un jour il sera un aussi grand champion que leur père. Pour le moment il vaut mieux se concentrer. Quant à Télamon, il n'est même pas parvenu en finale du javelot.

« Il ne fera jamais un champion, seulement un bon poète et un bon mari, ce n'est pas si mal, après tout », pense Myrto.

La voici sur la ligne de départ. La piste est encore lourde, Myrto se sent légère. Ce type de terrain va sûrement désavantager Laomédon, beaucoup plus grand et beaucoup plus épais qu'elle. Myrto se rassemble en murmurant :

– Père, ta statue est revenue sur la place de Thasos. Et moi qui suis ta statue vivante, porte-moi la première sur la ligne d'arrivée !

Le départ est donné. Laomédon fuse d'une façon éblouissante qui coupe le souffle

aux spectateurs. Mais quel est donc ce jeune homme si mince qui le remonte et se maintient avec lui au coude à coude ?

– Ô Déméter, inspire-la de ton souffle ! prie en silence la Chamyné installée en haut de la tribune officielle. Ô merci, ma déesse, voilà Myrto qui se détache, quelques centimètres, un mètre, rapide comme l'éclair, toujours plus vite, les hommes piétinent sur place… Je te rends grâce, ô Mère nourricière ! Tu nous a exaucées, moi ton humble servante et Myrto, l'instrument de ta revanche sur Zeus.

Drapée dans ses voiles, plus que jamais la Chamyné arbore son air olympien. Le grand-prêtre sourit jaune, puis il se reprend pour déclarer nulle et non avenue la victoire de Myrto. Les femmes n'ont pas le droit de participer aux Jeux olympiques, le gagnant est donc Laomédon à qui il va remettre la couronne d'olivier. Devant un tel scandale, les Spartiates, furieux, manifestent, s'en prennent aux Athéniens qui clament leur joie.

Injures, coups, à nouveau la mêlée est générale.

La Chamyné descend avec majesté la tribune officielle. Spartiates et Athéniens s'écartent respectueusement pour la laisser passer, avant de recommencer à se bagarrer.

La prêtresse de Déméter serre Myrto dans ses bras :

– Eh bien, ma fille, la déesse, toi et moi nous avons vaincu les hommes... Mais qu'as-tu ? Tu ne sembles pas contente.

– Oui, j'ai gagné, mais une seule fois ! Mon père, lui, a été quatre fois champion olympique.

Télamon, tout heureux, s'avance vers elle :

– Myrto, je te le promets : puisque ton nom ne sera pas inscrit sur une stèle, ni à Olympie ni à Thasos, je composerai un grand poème pour célébrer ta beauté, ton courage et ta victoire. Ainsi, peut-être, la légende de Myrto traversera-t-elle les siècles…

– Merci, Télamon, c'est un très beau cadeau.

Oui songe Myrto, je vais cesser de prendre cette potion, je vais devenir comme les autres femmes. Je me marierai, j'aurai des enfants. J'aimerais avoir un fils, qui ressemble à mon père, et des filles aussi rapides à la course que moi… Et peut-être qu'un jour – mais dans combien de temps ? –, les filles auront le droit de concourir aux Jeux olympiques.

La Chamyné les regarde, tout attendrie : ah ! ces jeunes… Puis elle ajoute :

– Dès que vous serez mariés, vous viendrez m'apporter ce poème. Je le placerai sous la garde de la déesse : ainsi, il survivra.

Table des matières

Un mot des auteurs

Lorsque nous étions jeunes, nous avons pratiqué l'athétisme et les sports collectifs. Par la suite, nous nous sommes mis à écrire ensemble ou isolément, aussi bien pour les adultes que pour la jeunesse. Pour écrire ce roman, Daniel et Claude se sont souvenu de l'époque où ils faisaient de la compétition sportive : combien l'entraînement pouvait être dur, et parfois répétitif, mais combien il était excitant de prendre le départ d'une course ! Claude a proposé que le personnage principal soit une fille. Daniel a d'abord renâclé puis a fini par accepter. C'est lui qui a inventé le personnage de Télamon ainsi que les scènes comiques entre la Pythie et la Chamyné. Nous nous sommes beaucoup amusés à écrire cette histoire. Avec, parfois, la nostalgie de l'époque lointaine où nous pouvions courir vite, sauter, lancer le disque ou lutter ensemble…

Un mot des illustrateurs

Jean-Louis Besson est né en 1932, il nous a quittés en 2003. Très doué pour le dessin, il est devenu très vite le collaborateur de plusieurs agences de publicité, de magazines et de maisons d'édition. Il a ensuite réalisé des bandes dessinées, des films, et de nombreux livres pour la jeunesse.

Pour Nicolas Wintz, illustrer ce livre a été un exercice particulier et inédit : « Comment faire cohabiter mes images avec celles déjà existantes de Jean-Louis Besson ? Son style est léger, poétique, le mien est plus réaliste. J'avais déjà parsemé de quelques silhouettes des livres précédents. Cette fois nous avons pris le parti des silhouettes. Mes personnages sont comme les ombres portées des personnages de Besson, qui nous a laissé des images pleines de lumière. »

Jean-Louis Besson a illustré cette histoire.
Nicolas Wintz a réalisé les pages documentaires et les images figurées sous forme de silhouettes.

Les illustrations de la couverture sont de Jean-Louis Besson.

Pour en savoir plus

LA GRÈCE ANTIQUE, Gallimard Jeunesse, 2003.

LE LIVRE DES SPORTS, coll. Découvertes Cadet, Gallimard Jeunesse.

LE LIVRE DE LA MYTHOLOGIE, coll. Découvertes Cadet, Gallimard Jeunesse.

JEUX OLYMPIQUES, LA FLAMME DE L'EXPLOIT, Françoise Hache, Découvertes Gallimard.

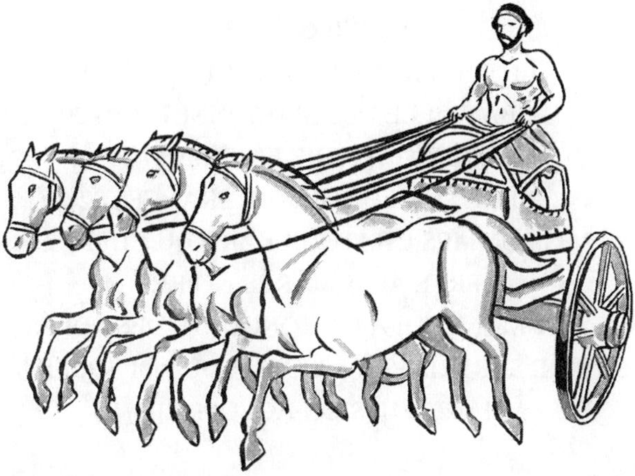

Autres titres de la collection

Maquette : Karine Benoit

Loi n°49-956 du 16 juillet 1949
sur les publications destinées à la jeunesse
ISBN 2-07-055791-X
Numéro d'édition : 127161
Numéro d'imprimeur : 96372
Dépôt légal : avril 2004
Imprimé sur les presses de l'Imprimerie Hérissey à Evreux (Eure).

Pedro Juan Gutiérrez

Animal Tropical

Roman

Pedro Juan ist mittlerweile fünfzig Jahre alt, er malt, schreibt und lebt nach wie vor in seiner Welt am Malecón. Aber dann kehrt er nicht nur den Straßen Havannas, sondern auch seiner heißblütigen Gefährtin Gloria den Rücken, um einer Einladung nach Stockholm zu folgen. Vom dreckigen, verarmten, pulsierenden Kuba gerät Pedro Juan ins kühle, blitzblanke und reiche Schweden: von Gloria zu Agneta. Für ein paar Monate nistet der kubanische Macho sich bei der Schwedin ein und lässt sich aushalten. Schließlich hat er die Nase voll vom aufgeräumten Leben seiner Agneta und sehnt sich nach einem ordentlichen Saufgelage, Havannas Prostituierten und seiner heruntergekommenen Wohnung zurück – und natürlich nach der ihm ebenbürtigen, wunderbar verruchten und liebestollen Gloria.

384 Seiten, gebunden